저자소개

기획 / 김상욱

경희대학교 물리학과 교수. 예술을 사랑하고 미술관을 즐겨 찾는 '다정한 물리학자'. 카이스트에서 물리학으로 박사학위를 받았고, 독일 막스플랑크연구소 연구원, 도쿄대학교와 인스부르크대학교 방문교수 등을 역임했습니다. 주로 양자과학, 정보물리를 연구하며 70여 편의 SCI 논문을 게재했습니다.

글 / 김하연

프랑스 리옹3대학에서 현대문학을 공부했습니다. 어린이 잡지 <개똥이네 놀이터>에 장편동화를 연재하며 작품 활동을 시작했으며, 지금은 어린이와 청소년을 위한 글을 쓰고 있습니다. 쓴 책으로 동화 <소능력자들> 시리즈, <똥 학교는 싫어요!>, 청소년 소설 <시간을 건너는 집>, <너만 모르는 진실>이 있습니다.

그림 / 정순규

자유로운 상상을 좋아하는 일러스트레이터. 고려대 생명과학부 졸업 후 좋아하는 일을 하기 위해 꿈을 찾아 그림을 그리기 시작했습니다. 부산 아웃도어미션 게임 <바다 위의 하늘 정원> 외 2개의 테마 그림 작업을 했습니다.

자문 / 강신철

과학 커뮤니케이터. 자연을 멍하니 바라보며 그 속의 진실을 찾아가는 과정을 좋아합니다. 알게 된 재밌는 이야기를 함께 나누는 것을 더욱 즐깁니다. 현재는 극단 <외계공작소>에서 과학과 인문학을 융합하는 과학 공연을 기획하고 있습니다. 서울대학교 물리교육과 박사과정을 수료하고 졸업을 향해 열심히 달려가고 있습니다.

어린이를 위한 세상의 모든 과학

물리박사 김상욱의 수상한 연구실
① 빛: 루그의 습격

기획 김상욱 | 글 김하연 | 그림 정순규 | 자문 강신철

아울북

기획자의 글

물리를 알면 과학이 쉬워집니다.

어린 시절, 우리 모두 과학자였다면 믿으실 수 있나요? 땅속이 궁금해서 땅을 파보거나, 무지개 끝에 가보려고 하염없이 걸었거나, 장난감이 어떻게 작동하는지 궁금하여 분해해 본 적 있다면 여러분은 과학자였습니다. 어쩌면 과학자는 어린 시절의 흥미를 잃지 않고 간직한 사람인지도 모릅니다. 그렇다면 우리 어린이들이 과학에 대한 관심을 잃지 않도록 지켜야 하지 않을까요?

과학 중에서도 물리는 특별합니다. 오늘날 과학이라고 부르는 학문은 17세기 뉴턴의 물리학에서 시작되었다고 해도 과언은 아니기 때문이죠. 거칠게 말해서 현대과학은 물리의 언어와 개념을 사용하여 물리적 방법으로 수행되는 활동입니다. 화학에서 원자구조를 계산하고, 생명과학에서 에너지를 이야기하며, 전자공학에서 양자역학을 사용하고, 천문학에서 상대성이론을 적용하는 것처럼 말이죠. 물리는 모든 자연에 들어있는 가장 근본적인 원리를 다루는 학문이기 때문입니다. 따라서 물리를 모르면 과학을 이해하기 힘듭니다.

과학자가 되지 않으면 물리를 몰라도 될까요? 현대는 과학기술의 시대입니다. 지난 200여 년 동안 일어난 중요한 변화는 대개 과학기술의 결과물입니다. 지금은 과학기술 없이 단 한 순간도 살 수 없는 시대라는 뜻입니다. 이제 과학은 전문가들만의 지식이 아니라 현대를 살아가는 상식이자 교양이 되었습니다.

어린이들은 물리가 다루는 여러 어려운 주제에 대해 이미 잘 알고 있으며 심지어 좋아합니다. SF영화에 단골로 등장하는 블랙홀, 빅뱅, 타임머신, 순간이동, 투명망토, 원자폭탄, 평행우주 등이 그 예죠. 하지만, 막상 수학으로 무장한 교과서 물리를 만나면 흥미를 잃어버립니다. 물리를 제대로 이해하려면 결국 수학도 알아야 하지만, 교양으로서의 물리를 알기 위해 수학이 꼭 필요한 것은 아닙니다. 사실 물리학자에게도 엄밀한 수식보다 자연에 대한 직관적인 이해가 중요한 경우가 많습니다. 이렇듯 어린이들이 이미 가지고 있는 물리에 대한 호기심을 일깨우고, 제대로 된 지식을 알고 싶다는 동기를 불러일으키는 것이 더 중요하다고 생각합니다.

출간 제안을 받았을 때, 과학학습만화 시리즈를 틈틈이 읽던 저의 어린 시절이 떠올랐습니다. 공룡과 곤충 이야기에는 흠뻑 빠졌지만, 물리를 다룬 이야기는 지루했던 기억이 납니다. 당시 물리 이야기도 공룡이나 곤충처럼 재미있게 읽었다면 좀 더 일찍 물리학자의 꿈을 키울 수 있지 않았을까하는 상상도 해봅니다.

이 시리즈를 준비하며 저와 강신철 박사가 꼭 다뤄야 할 물리 개념을 정리했고, 그것을 바탕으로 김하연 작가가 어린이들이 정말 좋아할 이야기를 만들었습니다. 제가 등장하여 아이들과 미스터리를 풀어간다는 설정이 특히 마음에 드는데, 그 과정에서 중요한 물리 개념이 하나씩 등장하게 됩니다. 무엇보다 정순규 작가의 삽화가 너무 멋지고 사랑스러워서 더욱 몰입할 수 있을 거라고 기대합니다. 최선을 다해 만든 이 책을 읽고 많은 어린이들이 물리와 사랑에 빠지는 계기가 되길 기원합니다.

물리학자 김상욱

차례

- 저자소개 … 2
- 기획자의 글 … 4
- 등장인물 소개 … 8

① 또만나 떡볶이의 새로운 주인 10
비밀 연구 일지 1 / 물리란 무엇일까?

② 반짝반짝! 마법의 새가 나타났다! 32
비밀 연구 일지 2 / 본다는 건 무엇일까?

③ 건우의 이빨과 으스스한 지하실 54
비밀 연구 일지 3 / 착시 현상이란 무엇일까?

④ 세계인의 영웅[?] 마두식 회장 76
비밀 연구 일지 4 / 빛의 종류①

⑤ 햇빛 병원 대소동　　　　92
비밀 연구 일지 5 / 빛의 종류②

⑥ 빛둘기를 잡아라!　　　　116
비밀 연구 일지 6 / 빛의 반사와 오목거울

⑦ 정체를 밝히다　　　　136
비밀 연구 일지 7 / 빛의 반사와 볼록거울

- 물리 이데아 도감 : 빛 … 150
- 쿠키 … 152
- 2권 미리보기 … 158

등장인물 소개

김상욱 아저씨

'또만나 떡볶이'의 새 주인.

떡볶이 만드는 걸 물리보다 어려워하는 이상한 아저씨. 어딘가 어설프고 어리바리해 보이지만, 떡볶이집에 엄청난 비밀을 숨겨놓은 것 같다.

태리

떡볶이 동아리 '매콤달콤'의 리더.

활발하고 솔직한 성격으로 친구들에게 인기가 많지만, 가끔은 지나친 솔직함으로 친구들을 난처하게 만들기도 한다.

해나

'매콤달콤'의 브레인.

웬만해선 손에서 책을 놓지 않는 만큼 잡다한 지식을 알고 있다. 하지만 고지식하고 시큰둥한 성격의 소유자다.

건우

자타공인 '매콤달콤'의 사고뭉치.

공부가 세상에서 제일 싫지만 그중에서도 싫어하는 과목은 수학과 과학. 가끔씩 기발한 아이디어로 모두를 깜짝 놀라게 한다.

레드

마두식 회장의 최측근 비서.
마 회장이 누구보다도 믿는 엘리트 부하.
냉철함과 뛰어난 판단력을 자랑한다.
고집불통인 마 회장도 레드의
말이라면 신뢰하고 따른다.

마두식 회장

엔진 제조 회사 '에너지킹'의 회장.
'에너지킹'에서 만든 초강력 신형 엔진 덕분에
하루아침에 부자가 되었다.
세계인의 영웅이라 불리지만
거대한 음모를 숨기고 있다.

이룩한 박사

'또만나 떡볶이'의 전 주인.
까칠한 성격 탓에
'또만나 떡볶이'가 인기를 잃어버리는 데
한몫한 장본인. 언제, 어디로, 어떻게
사라졌는지 아무도 모른다.

블랙 & 화이트

마두식 회장의 부하 콤비.
마 회장이 하루에도 수십번씩 해고를
고민할 정도로 사고뭉치들이다. 어디로
튈지 모르는 성격에, 마 회장이 내린
지시를 까먹기 일쑤다.

1
또만나 떡볶이의 새로운 주인

 가을이 찾아온 햇빛 마을에 여름 못지않은 뜨거운 햇볕이 내리쬤다. 트럭 기사는 이삿짐 상자들을 가게 앞에 내려놓은 뒤, 시커먼 연기를 내뿜으며 떠났다.
 학교 수업을 막 마친 세 아이는 낡은 건물 앞에 선 낯선 아저씨를 관찰하며 연신 종알거렸다. 건우와 해나는 또만나 떡볶이의 새로운 주인처럼 보이는 아저씨가 못미더운 모양이었다.

 태리의 말에 해나와 건우는 딴청을 피웠다.
 바로 그때, '또만나 떡볶이'라고 쓰인 허름한 간판을 착잡한 얼굴로 올려다보던 아저씨는 이삿짐 상자 하나를 들어 올렸다.
 아저씨는 이삿짐 같은 건 한 번도 옮겨본 적 없는 것 같은 움직임으로 트럭에 가득 실린 짐과 혼자만의 싸움을 시작했다. 하지만 역시나 상자 하나를 들어올리기에도 버거워 보였다.

해나가 중얼거렸다.

"왜 혼자 고생이지? 원래 이삿짐센터 직원들이 짐도 날라주는 거 아님?"

건우는 조마조마한 표정이었다. 아저씨의 달달 떨리는 다리 때문이 아니라 무슨 일에든 나서는 태리 때문에. 아니나 다를까, 태리가 외쳤다.

"더는 못 보겠어. 도와 드리자!"

해나는 수상하다는 눈빛으로 아저씨를 훑었다.

뭐지? 떡볶이 집의 새 주인이 아니었나? 아니면 과학을 사랑하는 떡볶이 요리사?

하지만 아저씨는 해나의 의심을 풀어 줄 생각이 없어 보였다. 어떻게든 아이들을 빨리 쫓아버리고 싶은 얼굴이었다.

"혼자 할 수 있으니 가줄래? 엘리베이터까지만 가져가면 돼."

아저씨는 십 년은 폭삭 늙어 버린 듯한 얼굴로 건물을 올려다봤다. 또만나 떡볶이가 있는 건물은 햇빛 마을에서 가장 오래된 건물 중 하나였다. 1층에는 또만나 떡볶이집, 2층과 3층은 가정집, 그 위는 옥상이었다.

태리가 명랑하게 말했다.

"2층에는 다른 가족이 사니까 아저씨 집은 3층이죠? 또만나 떡볶이의 예전 주인아저씨도 3층에 사셨거든요. 진짜 거기까지 이걸 다 혼자 옮기실 거예요?"

이상한 낌새를 차린 건우가 해나의 손을 잡고 슬금슬금 뒷걸음질 치기 시작했다.

"얘들아, 잠깐만!"

아저씨가 다급하게 외쳤다.

　이삿짐을 모두 나른 아이들은 떡볶이집 의자에 주저앉았다. 몇 주 동안 비어 있던 탓인지 탁자와 의자에서는 먼지가 풀풀 날렸다. 요즘에는 인테리어가 세련된 떡볶이집도 많건만, 또 만나 떡볶이는 세련되기는커녕 촌스럽기 짝이 없었다. 떡볶이라도 맛있었다면 좋았겠지만, 예전 주인아저씨가 만든 떡볶이는…… 음, 안 먹어 본 사람이 승자라고나 할까.

하늘을 향해 뻗은 머리카락에 늘 시무룩한 얼굴을 하고 있던 예전 주인아저씨는 그런 아이들을 볼 때마다 성질을 냈다.

까칠한 주인과 맛없는 떡볶이의 만남이라니. 그동안 손님이 없었던 것도 당연하다.

새로 온 주인아저씨는 그래도 예전 주인보다는 상냥해 보였다. 아이들보다도 지친 모습을 보면 체력은 별로인 것 같았지만.

태리의 말에 해나와 건우의 표정이 싸늘해졌다. 떡볶이집에 얽힌 지난날들이 떠올랐기 때문이다. 떡볶이가 맛없기라도 하면 조언을 해 준답시고 주인에게 싫은 소리를 늘어놓는 태리 때문에 해나와 건우가 난처했던 적이 한두 번이 아니었다.

태리가 주먹으로 탁자를 내리치며 말했다.

"햇빛 마을에 오신 걸 환영해요! 저희 동아리에 대해 좀 더 설명을 드릴게요. 저희가 '매콤달콤'을 만든 이유는 안타깝게도 떡볶이의 인기가 점점 떨어지고 있기 때문이에요. 초등학생들의 간식은 떡볶이가 언제나 일등이었는데 요즘 들어 마라탕에 점점 밀리고 있거든요."

"아저씨는요? 아저씨 이름은 뭐예요? 어디서 왔어요?"

태리의 폭풍 질문에 아저씨는 혼이 쏙 빠진 것처럼 보였다.

"이름도……? 나는 또만나 떡볶이를 새로 맡게 된 김상욱이야."

"솔직히 예전 주인아저씨가 만든 떡볶이는 맛이 영……."

건우가 끼어들었다.

"끔찍했지."

해나가 책을 읽으며 중얼거렸다.

"바닷물처럼 짰어."

"그래서 저희는 아저씨한테 거는 기대가 커요! 예전에는 어디에서 떡볶이집을 하셨어요?"

태리의 말에 아저씨의 눈동자가 흔들렸다.

"뭐, 그냥…… 여기저기에서."

"떡은 뭘 쓰시죠? 밀떡? 쌀떡? 아니면 반반?"

"양념은요? 카레 가루나 케첩 같은 아저씨만의 특별한 비법이 있으시겠죠?"

태리의 폭풍 질문에 아저씨의 눈동자가 다시 한번 흔들렸다. 아저씨의 불안한 시선이 주방 뒤편에 꽂혔다.

건우가 말했다.

"걱정이 많으신가 보네. 이왕 이렇게 만났으니 저희가 도와드리죠. 같이 손을 잡으면 어떨까요?"

건우가 거들먹거리며 말을 이었다.

"저희한테 잘 보이시면 SNS에 또만나 떡볶이를 홍보해 드릴 수 있어요. 또 제가 학원을 엄청 많이 다니거든요? 학원이 끝나면 배가 얼마나 고프겠어요? 학원 친구들을 이리로 죄다 끌고 올 수도 있다고요. 그렇게 되면 시작부터 홍보 팍팍! 매출도 팍팍! 또만나 떡볶이는 햇빛 마을 최고의 맛집이 될 거라고요."

아저씨는 안경을 추어올리며 말했다.

"왜 나를 도와주려고 하니? 너희는 공부나 열심히 하렴."

"에이, 당연히 조건이 있죠. 저희한테는 떡볶이를 대박 할인해 주시거나 튀김을 공짜로 주시거나……."

태리가 건우의 옆구리를 찔렀다.

"그만 좀 해! 아저씨, 죄송해요. 또만나 떡볶이가 맛있으면 홍보는 당연히 해 드릴 거예요."

아저씨는 한동안 말이 없다가 드디어 입을 열었다.

태리가 악수를 나누는 두 사람을 보며 물었다.

"그럼 가게 문은 언제 여실 거예요?"

"오늘이 금요일이니까…… 다음 주 월요일?"

그때, 아래에서 무언가 떨어지는 듯한 요란한 소리가 들렸다.

아이들이 모두 나간 뒤, 아저씨는 주방으로 갔다. 바닥에 깔린 카펫을 걷어내자 손잡이가 달린 뚜껑 문이 모습을 드러냈다. 아저씨는 쪼그려 앉아 잠시 그 모습을 바라보았다.

이 문에 튼튼한 자물쇠부터 달아야 할까. 아니면 인터넷을 뒤져서 떡볶이 만드는 법부터 배워야 할까. 아까 아이들이 뭐라고 했지? 떡볶이에 카레 가루나 케첩을 넣는다고?

아저씨의 긴 한숨이 텅 빈 가게 안에 흩어졌다.

이 떡볶이집과 지하실은 오늘부터 내 책임이다. 둘 다 제대로 지켜야 한다. 같은 사고가 두 번 다시 벌어져서는 안 된다.

① 물리란 무엇일까?

> 오늘의 연구 대상

오늘은 또만나 떡볶이로 이사 온 첫날.
이상한 아이들이 나타나더니 정신을 쏙 빼놨다.
아니, 그런데 어떻게 물리를 모를 수가 있지?

> 오늘의 일지

우리를 둘러싼 모든 게 물리야!

주위를 둘러보렴. 그리고 무슨 일이 일어나고 있는지 살펴볼까? 천장에는 형광등이 환하게 빛나고 있고, 텔레비전에서는 소리와 화면이 나오고 있지. **이 모든 일들이 어떻게 일어나는지를 설명해 주는 게 바로 '물리'야.** 이름부터 낯설어서 그저 어렵다고만 생각하고 있지? 물리가 대체 무엇인지 지금부터 설명해 보려고 해.

물리가 무슨 뜻인지 아니?

물리는 '과학'이랑 같은 걸까? 흔히들 과학 시간이라고 하니까. 엄밀히 말해서 물리와 과학이 같은 건 아니야. **물리는 과학 중의 하나야.** 떡볶이가 음식 중의 하나인 것처럼 말이야. 과학은 물리, 화학, 생물, 지구과학 등 여러 가지 학문으로 구분돼. 그중에서도 물리(사물 물, 이치 리)는 **세상에 존재하는 모든 사물의 이치** 즉, 사물의 움직임과 그들 사이의 관계를 설명하려는 학문이란다.

물리학자는 무슨 일을 할까?

물리학자들은 모든 물체들이 어떻게 움직이는지, 서로 어떤 영향을 미치는지 알아내기 위해 여러 가지 연구를 한단다. 형광등, 에어컨뿐만 아니라 눈에 보이지 않는 공기까지 지구에 있는 모든 것들을 연구하지. 아니다, 지구의 물체뿐만 아니라 해, 달, 별 등 우주에 있는 천체들까지, **그야말로 세상의 모든 것을 연구해.** 물리학자들은 이렇게 관찰하고 실험한 모든 정보를 모아서 **이론과 법칙을 찾으려고 노력해.** 끊임없이 질문을 던지면서 말이야.

뉴턴, 갈릴레이, 아인슈타인. 우리에게 친숙한 이 과학자들이 바로 물리학자야. 떨어지는 사과를 보면서 중력을 발견한 뉴턴의 이야기는 실제 사실과는 조금 다르지만, 물리학자들이 얼마나 세상을 끈질기게 관찰하는지를 보여주는 아주 좋은 예시이기도 해.

오늘의 연구 결과

물리는 세상에 존재하는 모든 사물의 이치!

 그런데 떡볶이는 대체 어떻게 만드는 거지? (긁적)

2 반짝반짝! 마법의 새가 나타났다!

여기는 햇빛 초등학교 4학년 3반.

"자, 조용조용! 얘들아, 이제 수업 시작하자. 국어 교과서 20쪽을 펴고 시에 대한 설명을 읽고 있으렴. 선생님은 칠판에 짧은 시 한 편을 적어 줄게."

아이들이 떠드는 소리에 평소처럼 분주한 교실을 정리한 선생님은 칠판에 시를 적기 시작했다. 그러자 수다스럽게 떠들던 반 아이들 역시 늘 그렇다는 듯이 자리에 앉아 교과서를 읽어 나갔다.

하지만 건우는 아니었다. 건우는 착잡한 얼굴로 교과서 대신 창밖을 쳐다봤다. 수업에 전혀 흥미가 없는 걸까?

아예 틀린 말은 아니지만, 오늘은 나름대로 건우만의 이유가 있었다.

오늘은 신나는 날이자 끔찍한 날이기도 하기 때문이다. 김상욱 아저씨가 떡볶이집 문을 연다고 한 날이지만, 잇몸에서 덜렁거리는 어금니 때문에 엄마와 치과에도 가야 했으니까.

무시무시한 치과를 상상하던 건우가 갑자기 비명을 질렀다.
"으악, 저게 뭐야!"
아이들의 시선이 모두 창가를 향했다.

새 한 마리가 교실 창가에 앉아 있었다. 언뜻 보면 몸집이 큰 비둘기처럼 보이기도 했지만 저렇게 생긴 비둘기는 처음이었다. 머리에는 별처럼 생긴 뿔 같은 게 달려 있었고, 날개를 펼치자 황금색의 화려한 색채가 아이들의 눈을 어지럽혔다.

새는 장난스러운 표정으로 유리창 너머의 아이들을 바라보며 고개를 까닥거렸다.
"우와, 신기하게 생긴 새다!"
"찍어!"
"SNS에 올려야지!"
아이들은 휴대폰을 들고 창가로 우르르 몰려가 사진이나 동영상을 찍었다.

　새는 아이들이 몰려오자 고개를 뒤로 젖히거나 날개를 접었다가 펼치는 등 모델처럼 다양한 동작을 뽐냈다. 신기한 것은 새의 몸 색깔뿐이 아니었다. 가까이에서 보니 새의 몸에서 은은한 빛이 뿜어져 나왔다.
　더 놀라운 일은 잠시 뒤에 벌어졌다! 새의 몸이 갑자기 사라지더니 다시 나타났다. 그리고 또 사라졌다 나타나기를 반복했다.

새는 건우의 외침에 놀랐는지 날개를 푸덕거리며 날아올랐다. 새가 뿜어내는 한층 더 눈부신 빛에 아이들은 다시 한번 탄성을 내질렀다. 선생님이 흥분한 아이들을 진정시켰다.

"휴대폰 집어넣고 다들 자리에 앉자! 칠판에 적힌 시를 공책에 베껴 쓰도록!"

이상한 일은 연달아 벌어졌다. 아이들이 의아한 얼굴로 칠판을 쳐다봤고, 마찬가지로 이상함을 느낀 태리가 외쳤다.

"선생님! 칠판에 아무것도 안 적혀 있는데요?"

태리 말대로 칠판은 텅 비어 있었다.

"이상하네, 분명히 시를 적었는데?"

선생님은 어쩔 수 없다는 듯 다시 칠판에 시를 적었다. 하지만 신기한 새 때문에 한바탕 소란이 벌어진 뒤라 아이들은 더 이상 수업에 집중하지 못했고, 1교시는 결국 흐지부지 끝났다.

진짜 신기한 일은 쉬는 시간에 벌어졌다. 칠판 당번인 건우가 칠판 앞에 섰을 때였다.
"어? 이제 다시 보인다!"
건우의 외침에 몇몇 아이들이 칠판 앞으로 몰려왔다.
건우 말대로 선생님이 처음 썼던 시 위에 똑같은 시가 또 쓰여 있었다.
태리가 놀라며 말했다.
"이상하네……. 아까는 분명 안 보였는데, 지금은 왜 또 보이지?"

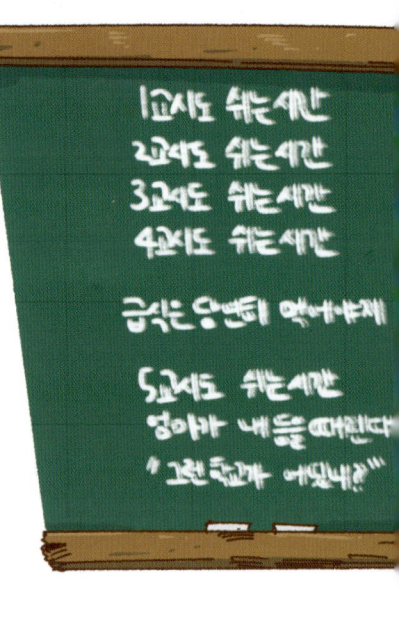

건우가 눈을 반짝이며 말했다.
"그 새가 마법을 부린 게 틀림없어."
"말도 안 되는 소리 좀 그만할래?"
"진짜라니깐! 그런 색깔 가진 비둘기 봤어? 날아갈 때도 몸통에서 빛을 내뿜었다고! 그리고 보였다가 안 보였다 했잖아!"

"그게 말이 되냐? '보이는 게 다가 아니다'라는 말도 안 들어 봤어? 내 생각엔 분명히 눈이 아니라 다른 문제야."

해나가 재미없는 소리를 늘어놓자 건우와 태리는 자리로 돌아갔다.

해나는 창가 쪽으로 시선을 돌렸다.

그 새는 뭘까? 몸에서 빛을 뿜는 새가 있다는 소리는 한 번도 들어 본 적이 없어. 혹시 칠판 사건도 그 새와 관련이 있는걸까?

해나는 고개를 흔들었다. 말도 안 되는 소리. 새는 칠판에 적힌 글자를 사라지게 하는 마법을 부릴 수 없다. 오늘따라 강렬한 햇빛 때문에 새의 몸에서 빛이 나왔다고 착각했을 것이다.

분명히 그럴 것이다.

매콤달콤 멤버들은 학교 앞으로 뻗은 내리막길을 한달음에 뛰어 내려갔다. 김상욱 아저씨의 약속대로 또만나 떡볶이의 문은 열려 있었다. 새 주인아저씨가 만든 떡볶이 맛은 어떨까?

하지만 가게 앞에 도착한 아이들은 실망감을 감출 수가 없었다. 떡볶이는 사각 판 속에서 보글보글 끓고 있었지만 어묵도, 튀김도, 순대도 보이지 않았다.

아저씨가 까칠한 얼굴로 아이들을 노려봤다.

"얼마나 힘들었는지 알아! 네 번이나 버리고 새로 만들었어!"

하, 느낌이 좋지 않다. 첫날의 친절한 모습은 어디에도 없다. 하지만 태리는 오히려 잘됐다는 듯이 박수를 쳤다.

"그럼 당연히 맛있겠네요! 떡볶이 만드는 데에만 집중하셨을 테니까요. 오늘은 떡볶이의 맛을 온전히 느껴 보도록 해요!"

하지만 태리의 마음속에서도 의심의 소용돌이가 피어오르고 있었다. 떡볶이가 빨갰다. 물론 떡볶이는 빨갛다. 하지만 아저씨가 만든 떡볶이는 빨갛다 못해 검은빛이 돌 정도였다. 아저씨는 접시에 떡볶이를 수북이 담아와 탁자에 놓았다. 하지만 아무도 선뜻 젓가락을 뻗지 못했다.

그 순간, 온갖 고통이 동시에 밀려들었다. 콧속을 찌르는 고춧가루 향, 혀가 마비될 정도로 매운 양념, 그리고 절반도 익지 않은 떡이 안 그래도 덜렁거리던 건우의 어금니에 박혔다.

다시 입을 벌린 순간, 어금니가 떡과 함께 빠졌다. 건우의 입 속에서 떨어진 어금니는 공중에 떠올랐다가 바닥으로 떨어지더니 어디론가 굴러갔다.

<몽스터즈 손오공을 소개합니다>

나는 세계 최강 원숭이다!

특징 1
머리 위에 반짝이는 금고아 착용

특징 2
언제 어디서든 부르면 날아오는 근두운 보유

오! 잘 지냈지?

우리는 몽스터즈

30초로 보는 몽스터즈

아울북의 새로운 손오공 등장!
고전 소설 서유기가 신나는 모험으로 다시 태어났다!

재밌다!

유익하다!

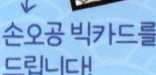
손오공 빅카드를 드립니다!

안녕! 나야 **마법천자문** 손오공.
내 동생들이 나온다고 하니까 기대해 줘!
다시 읽고 싶은 무한 재미 보장!

마법천자문 손오공 추천도서

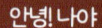

엄마의 잔소리보다 입속의 고통이 훨씬 견디기 힘들었던 건우는 결국 주방으로 달려가 수도꼭지에 입을 대고 수돗물을 벌컥벌컥 들이켰다. 태리와 해나는 이미 젓가락을 내려놓은지 오래였다.

아저씨가 지친 얼굴로 말했다.
"고추장을 너무 많이 넣었나……. 아, 이번에도 실패인가! 물리보다 떡볶이 만들기가 더 어렵잖아!"
아저씨는 머리를 벅벅 긁더니 지갑을 챙겨 들었다.
"얘들아, 잠깐 가게 좀 봐 줄래? 마트에서 물이랑 떡볶이 떡이랑 어묵 좀 사 올게."
아저씨가 나가자 해나가 말했다.
"저 아저씨, 떡볶이 처음 만들어보는 거 아니야?"
태리도 애써 실망감을 감추며 말했다.

"건우 이빨부터 찾자. 떡볶이 먹으러 온 손님들이 바닥에 굴러다니는 이빨을 보면 기분이 어떻겠어?"

"이 떡볶이를 먹으면 이미 기분이 안 좋을걸."

건우가 싱글벙글거리며 말했다.

"난 이빨 찾을래. 집에 가서 엄마한테 보여 줘야지."

"네 기분은 갑자기 왜 좋아졌는데?"

"치과 안 가도 되잖아! 오늘 치과 가야 한다고 엄마가 학원도 빼 줬거든!"

아이들은 눈을 부릅뜨고 떡볶이집 바닥을 살피기 시작했다. 떡볶이 맛은 엉망이었지만 청소는 했는지 구석구석까지 깨끗했다. 주방 쪽을 살피던 해나가 바닥에 깔린 카펫을 들췄다.

"애들아, 여기 좀 봐."
"이게 뭐지?"
아이들은 카펫 아래에 숨겨져 있던 뚜껑 문을 들여다봤다. 태리가 뚜껑 문에 달린 손잡이를 들어 올리자 어두컴컴한 지하실로 이어지는 계단이 보였다.
아저씨를 믿었던 태리도 조금 당황했다.
"아저씨가 지난번에는 분명히……."
해나가 말했다.
"지하실은 없다고 했는데……."

② 본다는 건 무엇일까?

오늘의 연구 대상

우와! 새가 마법을 부리네!

학교에서 이상한 일이 벌어진 것 같아.
그런데 건우 말대로 정말 눈에 문제가 있었던 걸까?
보는 과정을 잘 이해하면 그 답을 찾을 수 있어!

오늘의 일지

'보다'의 의미를 알고 있니?

'보다'란 광원에서 나온 빛이 물체에 도착하고, 그 빛이 반사되어 눈으로 들어오는 과정을 말해. 순서대로 이렇게 쓸 수도 있지!

광원 → 물체 —반사→ 눈

물론 광원에서 눈으로 바로 빛이 들어올 수도 있어.

광원 → 눈

하지만 우리는 과연 '보다'의 진짜 의미를 잘 알고 있을까?

'보다'의 의미가 이렇게 복잡했다니!

*광원 : 빛의 원천, 스스로 빛을 내는 물체라는 뜻이야. 하늘에 떠 있는 태양이 가장 대표적이지. 우리 주변에서 흔히 볼 수 있는 형광등, 백열등도 광원에 속해.

'보다'의 진짜 의미를 알려줄게!

우리는 눈에 보이는 것이 모두 진짜라고 생각해. 하지만 실제로는 그렇지 않아. 빛이 광원에서 출발해서 눈으로 들어오기까지는 많은 일들이 일어나. 심지어 눈에 들어온 다음에도 마찬가지란다. 만약 광원이 없다면, 그리고 반사가 일어나지 않는다면 우리가 아무리 눈을 뜨고 있더라도 물체를 볼 수 없을 거야.

'광원'이 없다면?

아주 깜깜한 곳에 가본 적 있니? 그곳에서 눈을 뜨면 우리는 무엇을 볼 수 있을까? 당연히 **아무것도 볼 수 없을 거야.** 그러면 우리는 '여긴 아무것도 없어!'라고 생각하겠지? 하지만 우리가 보지 못한다고 해서 정말 아무것도 없는 게 아니야.

'반사'가 일으키는 마법!

이번엔 빛이 가득한 곳으로 가보자. 저 앞에 맛있는 사과가 보이는데 하나 먹어볼까?
앗! 사과가 아니라 거울이었네!

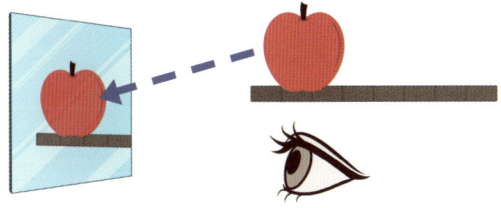

우리는 사과를 직접 본 게 아니었어. **사과가 거울에 비친 모습**을 본 거였지. 실제로 사과는 선반 위에 있지만, **사과가 우리 눈앞에 있다고 생각**한 거야. **우리가 보는 모든 것은 진짜가 아닐 수도 있어.**

오늘의 연구 결과

빛은 우리가 보는 데 필수적인 요소야!

 잠깐, 멈춰! 절대 지하실에 들어가면 안 돼!

3
건우의 이빨과 으스스한 지하실

해나의 말에 주방이 순간 조용해졌다.

정적을 깬 건 태리였다. 태리는 어색한 웃음을 지으며 말을 꺼냈다.

"거짓말이라니. 아저씨도 지하실이 있는 줄 몰랐겠지."

말은 이렇게 했지만, 태리조차도 숨겨져 있던 문을 보고 의심이 들지 않는 건 아니었다.

해나는 고개를 저으며 진지한 표정으로 말을 이었다.

"아니야. 내 말 좀 들어봐. 수상한 점이 한둘이 아니라니까. 첫째, 떡볶이집 주인이 떡볶이 만드는 법도 모른다. 둘째, 이삿짐에 요리 도구는 하나도 없고 온통 과학책뿐이다. 셋째, 물리보다 떡볶이 만들기가 더 어렵다고 했던 말. 왜 갑자기 그런 말을 했을까? 이상하지 않아?"

하지만 옆에서 해나의 말을 조용히 듣던 건우가 코웃음치며 해나의 말에 반박하기 시작했다.

"박해나의 의심병이 도지셨군. 이 몸께서 네 말을 완벽히 반박해 주지. 첫째, 아저씨의 형편없는 떡볶이는 이 가게의 기운이 안 좋기 때문이야. 아까 우리한테 화내던 거 봤지? 이 건물에만 들어오면 성격이 다들 이상해지는 거라고. 둘째, 요리 도구는 주방에 이미 다 있는데 또 뭐 하러 가져오냐? 셋째, 물리 어쩌고 했던 말은…… 근데 물리가 뭐라고 했지?"

"아니야, 아무리 봐도 그 아저씨는 떡볶이집 주인 같지 않아. 이 지하실에 들어가면 단서를 찾을 수도 있겠지만……."
해나가 지하실 문손잡이를 잡고 문을 닫으며 말했다.
"다른 사람 일에 참견할 이유는 없지."
그때, 문 안으로 무언가 딱딱거리며 떨어지는 소리가 났다.

태리는 휴대폰에 있는 손전등 앱을 켜고 건우를 따라갔다. 해나도 깊은 한숨을 내쉰 뒤 어쩔 수 없이 태리의 뒤를 따랐다.

지하실 특유의 퀴퀴한 냄새가 아이들의 코를 찔렀다. 바깥보다 훨씬 서늘하고 답답한 공기에 어깨가 절로 움츠러들었다. 태리는 벽 쪽에서 전등 스위치를 찾아 켰다.

그 순간 아이들의 입이 저절로 벌어졌다. 떡볶이집 아래에 이런 곳이 있었다니!

"우와!"

전선 수십 개가 빽빽이 연결된 크고 작은 은색 원통들과 무엇에 쓰는지 짐작조차 할 수 없는 거대한 기계들. 곳곳에 놓인 책상에는 낡은 보안경과 전원이 꺼진 모니터와 키보드들이 잔뜩 놓여 있었다.

해나는 휴대폰으로 지하실 곳곳의 모습을 찍었다. 해나의 발걸음이 또 다른 탁자로 향했다. 커다란 모니터 속 분할된 화면에는 떡볶이집 안팎과 입구, 뚜껑 문이 있던 주방 풍경이 띄워져 있었다. 시시티브이를 연결해 놓은 모니터였다. 해나는 모니터 윗부분을 손가락으로 쓸어 보더니, 뒤쪽에 연결된 전선을 들여다보았다. 다른 컴퓨터들과 달리 먼지 하나 없는 걸 보니 아저씨가 이사 온 뒤에 새로 설치한 모니터 같았다.

"이건 말이지. 원래는 아무것도 없는 흰색 동그라미야. 마치 회색 점들이 실제로 있는 것처럼 보일 뿐이라고."

"참나, 점이 있다니까! 태리 너도 좀 봐!"

태리는 눈을 비비며 고개를 흔들었다.

"난 포기! 어지러워서 못 보겠어. 예쁜 그림도 많은데 하필이면 왜 이런 걸 걸었을까?"

그때, 태리의 시선이 지하실 구석에 있는 작은 문 쪽으로 향했다.

건우가 이빨을 딱딱 부딪치며 말했다.

"너희는 영화도 안 봤냐? 평범한 떡볶이집에 지하로 이어지는 뚜껑 문이 있는 게 정상 같아? 게다가 그 지하에 있는 또 다른 문이라니! 저 안에 괴물이 갇혀 있을지도 모른다고!"

태리가 문손잡이에서 얼른 손을 뗐다.

"해나 너도 그렇게 생각해?"

"평범한 떡볶이집이 아닌 건 분명하지만 그렇다고 괴물이라니. 건우 넌 영화를 너무 많이 봤다. 이왕 이렇게 됐으니 열어 봐."

"난 분명히 경고했다. 너희가 책임져!"

건우는 도망칠 만반의 준비를 갖추고 뒤로 물러섰다. 태리는 문에 귀를 갖다 댔다. 다행히 괴물의 울음소리 따위는 들리지 않았다.

"그럼 연다……. 하나, 둘, 셋!"

벌컥.

"엥? 뭐야, 그냥 창고잖아."

태리의 말에 건우도 안을 들여다봤다. 태리의 말대로 식료품 창고 같았다. 전등은 고장이 났는지 켜지지 않았다. 태리의 휴대폰에서 나온 빛이 창고 곳곳을 비췄다.

건우의 얼굴이 창백해졌다.
"정체 모를 악당? 김상욱 아저씨를 말하는 거 아냐? 예전 주인아저씨를 없애고 여기를 차지했나 봐!"
태리가 외쳤다.
"자꾸 무서운 소리 할래? 없애긴 누가 없애!"
아이들이 옥신각신하는 사이, 창고 어딘가에서 이상한 소리가 들리기 시작했다. 아이들의 몸이 뻣뻣하게 굳었다. 건우의 팔에는 닭살이 돋았다. 태리가 검지를 입술에 댔다.
"쉿."
소리는 계속 이어졌다. 노랫소리 같기도, 웃음소리 같기도 한 으스스한 소리였다.

"귀신이다!"

건우가 두 팔을 치켜들고 창고 밖으로 뛰쳐나갔다. 알 수 없는 소리보다 건우 때문에 더 놀란 태리와 해나도 비명을 지르며 1층으로 이어지는 계단을 뛰어올랐다. 가게를 빠져나간 아이들은 거리를 정신없이 달렸다.

잠시 후, 아저씨가 장바구니를 들고 떡볶이집 안으로 들어왔다. 책가방은 여전히 의자에 걸려 있었지만 아이들의 모습은 온데간데없었다. 게다가 지하실로 이어지는 뚜껑 문이 활짝 열려 있었다. 서늘한 기운이 등줄기를 훑고 내려갔다.

아저씨는 지하실로 뛰어 내려갔다. 열린 창고 문밖으로 바닥에 흩어진 옥수수 알갱이들이 보였다. 아저씨는 선반의 양념통들부터 확인했다. 통들은 다행히 그대로였지만 발걸음은 다시 다급해졌다.

그 애들이 또 뭘 건드렸을까.

계단참에서 무언가 반짝였다.

아저씨의 떨리는 손이 곧 계단참에 떨어진 이빨을 주워 들었다.

하…… 급한 대로 자물쇠라도 달았어야 했나.

후회하기에는 이미 늦어 버렸다. 떡볶이집을 잘 꾸려 보겠답시고 아이들을 덥석 초대하는 게 아니었다. 이사 온 지 일주일도 지나지 않아 지하실의 존재를 들키다니.

아저씨는 엉망이 된 머리카락을 다시 한번 쥐어뜯었다.

으아 아 아 아!

3. 착시 현상이란 무엇일까?

> 오늘의 연구 대상

왜 슬픈 예감은 늘 현실이 되는 걸까?
매콤달콤 삼총사 녀석들이 내 비밀 공간에 들어왔어.
건우의 눈을 어지럽게 만든 그림의 비밀을 알아보자!

> 오늘의 일지

착시 현상의 종류

　앞에서 광원에서 나온 빛이 눈에 도착하는 과정을 배웠지? 눈에 도착한 빛은 **여러 단계를 거쳐 마지막으로 뇌에 도착해.**

　하지만 이 모든 과정은 **정말 짧은 순간**에 일어나. 뇌가 빛이라는 신호를 해석하는 이 찰나의 순간에도 수많은 일이 일어나는데, 착시 현상은 바로 이 과정에서 일어나지.

　착시 현상에는 두 종류가 있단다.

눈 깜빡하는 순간 착시 현상이 찾아오지!

물리적 착시 현상

물리적 착시는 눈에 들어오는 **정보의 양 차이**로 일어나는 현상이야. 선이 기울어진 정도, 색깔, 물체의 크기 등의 정보가 너무 많이 들어올 때 착시가 일어나지. 아래 그림을 봐.

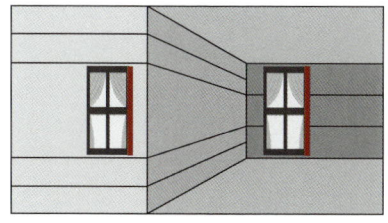 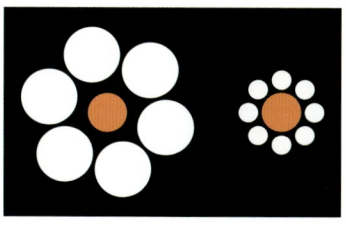

두 빨간색 선의 길이는 같을까? 다를까? 직접 재보면 깜짝 놀랄 거야.

두 주황색 원의 크기는 어떨까? 같을까, 다를까? 이번에도 직접 재볼까?

인지적 착시 현상

인지적 착시는 눈으로 들어온 정보를 **뇌가 추론하는 과정**에서 발생하는 현상이야. 새롭게 들어온 정보와 기존에 알고 있던 정보를 비교하다가 일어나는 착시지. 그래서 익숙함과 이상함을 동시에 느끼기도 해.

이 삼각형은 '펜로즈의 삼각형'이야.
이 삼각형을 실제로 만들어 보고 싶다고?
이 삼각형은 그릴 수는 있지만 만들 수는 없어.

이번엔 계단이야. '펜로즈의 계단'이지. 어라? 분명 계단을 올라간 것 같은데 왜 제자리로 돌아오는 거지?

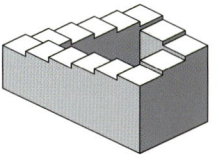

오늘의 연구 결과

착시 현상은 빛과 뇌가 일으키는 과학적인 마법!

 지하실이 들킨 것도 착시 현상이면 좋겠다.

4

세계인의 영웅[?] 마두식 회장

기업 '에너지 킹'의 강당은 분주한 움직임으로 가득했다. 무대 주변의 긴 탁자에는 특종을 놓치지 않기 위해 전 세계 곳곳에서 온 수많은 기자들이 이미 자리를 잡고 앉아 있었다. 기자들이 재빠른 손놀림으로 노트북 자판을 두드리는 소리가 강당을 가득 메웠다.

강당 가장자리에는 오늘의 주인공 마두식 회장을 촬영하기 위한 카메라들이 설치돼 있었고, 여러 관계자들이 무대를 점검하기 위해 무대 위를 바쁘게 돌아다녔다.

오늘은 마두식 회장이 중대 발표를 한다고 선언한 날이다. 그래서 이렇게 많은 기자들이 에너지 킹의 강당에 모여든 것이다.

강당에는 마 회장의 등장을 기다리는 기대감과 약간의 긴장감이 맴돌았다. 간간이 기자들의 웅성거리는 소리도 들렸다. 다들 시계를 흘끔거리며 마두식 회장이 등장하기를 애타게 기다렸다.

여기서 잠깐! 마두식 회장이 이끄는 에너지 킹은 어떤 회사일까? 에너지 킹은 처음에는 작은 엔진 제조 회사였다. 자동차 엔진, 항공기 엔진 등 다양한 분야에 손을 댔지만 더욱 뛰어난 기술을 갖춘 다른 외국 기업들에게 밀려 망하기 일보 직전에 갑자기 우뚝 섰는데, 그 이유는 바로 에너지 킹에서 만든 초강력 신형 엔진, '어스 가디언' 덕분이었다.

작은 회사에서 어떻게 이런 엔진을 개발했는지는 여전히 비밀에 싸여 있다. 어쨌든 어스 가디언으로 마 회장은 전 세계의 주목을 받았고, 하루아침에 부자가 되었다. 게다가 그렇게 번 돈으로 지구 환경 보호에 앞장서며, 마 회장은 사람들의 열렬한 지지를 얻었다.

드디어 마 회장의 최고 비서이자, 기자 간담회의 사회를 맡은 레드가 등장했다.

"여러 바쁘신 일정에도 참석해 주신 기자 여러분께 감사의 말씀을 드립니다. 곧바로 오늘의 주인공을 소개하겠습니다. 엔진의 역사를 다시 쓴 에너지 킹의 창립자이자 지구를 위해 노력하는 환경 운동가. 세계인의 새로운 영웅, 마두식 회장님을 소개합니다!"

기자들의 박수와 함께 마 회장이 등장했다. 마 회장은 쉴 새 없이 터지는 카메라 플래시에도 얼굴을 찡그리지 않고 온화한 미소를 띤 채 두 팔을 들어 인사했다. 검소한 생활을 하는 것으로도 유명한 마 회장은 오늘도 늘 입고 다니는 허름한 양복에 밑창이 덜렁거리는 구두를 신고 있었다. 옷을 고를 시간에 일을 해야 하고, 옷을 많이 사는 일도 환경 오염이라는 것이 마 회장의 생각이었다.

이윽고 마 회장의 걸걸한 목소리가 흘러나왔다.

"다들 바쁘신 분들이니 곧장 본론에 들어가겠습니다. 우주에 진출하는 것은 모든 인류의 꿈이었습니다. 그 꿈을 에너지 킹이 실현하겠습니다. 우리는 역대 최강의 추력을 갖춘 새로운 로켓 엔진! '스페이스 가디언' 개발에 성공했습니다. 여러분, 저희 에너지 킹이 아니면 누가 해내겠습니까?"

기자들의 손이 노트북을 바쁘게 두드렸다. 마 회장의 말이 이어졌다.

"스페이스 가디언을 장착한 로켓 발사체는 인간의 상상을 현실로 만들어 줄 것입니다. 희귀한 금속과 미래의 에너지 자원이 가득한 달 탐사를 시작으로 어린이들이 달과 화성으로 체험 학습을 떠날 수 있을 것입니다."

 그때였다. 레드의 이어폰으로 에너지 킹의 상황실에서 전달된 새로운 정보가 흘러나왔다. 레드는 마 회장에게 다가가 귓속말을 했다. 마 회장은 헛기침을 하고 입을 열었다.
 "죄송합니다, 여러분. 급한 일이 생겨 기자 긴담회를 마무리하겠습니다. 저희가 미리 준비한 보도 자료를 드릴 테니 좋은 기사 부탁드립니다."

마 회장은 씩씩대며 회장실로 들어갔다. 그리고 문이 닫히자마자 허름한 구두를 벗어 바닥에 집어던졌다. 낡은 양복 재킷은 블랙과 화이트에게 벗어 던진 뒤, 윤기가 좌르르 흐르는 밍크코트를 걸쳤다.

 허락받은 사람들만 들어올 수 있는 에너지 킹의 회장실은 화려함 그 자체였다. 바닥에는 아프리카에서 사냥한 표범 카펫이 깔려 있었고, 최상급 참나무로 만든 책상에 소가죽 의자와 소파, 천장에는 커다란 샹들리에가 전기를 펑펑 쓰고 있었다. 환경을 사랑하는 검소한 기업가의 이미지는 완전히 거짓이었다. 그가 제일 사랑하는 것은 돈과 권력, 그리고 값비싼 사치품들이었다.

 마 회장이 소파에 앉자 레드가 텔레비전을 켰다. 마침 뉴스 속보가 방송되고 있었다.

 "햇빛 마을에 위치한 햇빛 병원에서 원인 모를 일들이 벌어지고 있습니다. 사람들의 몸에서 방출되는 적외선이 눈에 보이는 기이한 현상입니다. 온도가 있는 모든 물체와 생명체는 적외선을 방출하지만, 가시광선과 달리 적외선은 우리 눈에 보이지 않는 것이 정상입니다."

"꺼!"

마 회장은 생각에 잠겼다.

레드가 말했다.

"혹시 '그 일'과 관련이 있을지도 모르겠습니다."

"또만나 떡볶이에는 새 주인이 왔나?"

블랙과 화이트가 앞다투어 대답했다.

"'김상욱'이라는 사람입니다."

"요리 똥손이라고 합니다."

마 회장이 버럭했다.

"요리 실력이 문제가 아니잖아!

블랙, 화이트! 햇빛 병원에 가서

상황 파악하고 와. 새 주인 녀석도 틈틈이 감시하고."

"믿고 맡겨 주십시오!"

둘은 엎치락뒤치락 회장실을 빠져나가며 외쳤다.

　레드가 벽에 걸린 마 회장 초상화의 이빨을 누르자 에너지 킹의 비밀 연구실로 향하는 마 회장 전용 통로가 나타났다. 연구실 한복판에는 액체가 채워진 거대한 유리통이 설치되어 있었고, 그 안에 낯선 생명체가 갇혀 있었다. 생명체의 몸에는 알 수 없는 선들이 연결되어 있었고, 최첨단 실험 장비들 속에서 여러 과학자들이 생명체를 주시하고 있었다. 곳곳에는 연구실을 지키는 경비원들도 보였다.

생명체는 마 회장을 보자마자 괴로워하며 몸을 비틀었다.

"나를 부자로 만들어줘서 고맙다. 앞으로도 네가 할 일이 많을 거야!"

연구실에 마 회장의 탐욕스러운 웃음소리가 울려 퍼졌다.

4 빛의 종류 ①

오늘의 연구 대상

마두식 회장, 좋은 사람인 줄 알았는데 속았어!
그런데 햇빛 병원에서 이상한 일이 벌어지고 있네?

사람들이 왜 이상하게 보이는 걸까?

오늘의 일지

빛이 가진 여러 가지 이름

빛은 **파장의 길이에 따라** 여러 종류로 나뉘고, 각각은 다른 이름으로 불리며 다른 성질을 띤단다.

| 감마선 | 엑스선 | 자외선 | | 적외선 | 초단파 | 라디오파 |

← 파장이 짧아진다.   파장이 길어진다. →

*파장: 빛이 한번 진동하는 동안 이동하는 거리를 의미한다.

으앗! 빛이 엄청 많네!

눈에 보이는 가시광선

가시광선은 **사람이 볼 수 있는 빛**이야. 흔히 '**빨주노초파남보**'라는 색깔로 표현되기도 하지. 같은 가시광선이지만 빨간색부터 보라색까지는 서로 파장이 달라. 파장이 길수록 빨간색, 파장이 짧을수록 보라색이 돼. **사람은 오직 이 파장 안의 빛만 눈으로 볼 수 있어.**

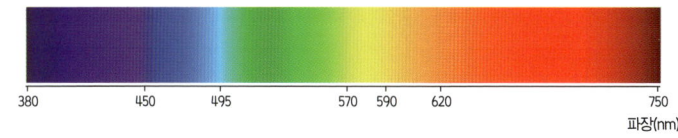

뉴턴은 프리즘을 이용해 햇빛이 일곱 가지 색으로 나누어진다는 것을 발견했어. 그리고 나뉘었던 빛을 다시 모을 수 있다는 것도 밝혀냈지.

눈에 보이지 않는 적외선

적외선(붉을 적, 바깥 외, 선 선)은 가시광선의 빨간색 영역 바깥에 있는 빛을 의미해. 가시광선의 범위를 벗어났기 때문에 당연히 **사람의 눈으로 볼 수 없지.**

우리 눈에 보이지 않는다고 해서 아무것도 없는 것이 아니라고 했었지? 마찬가지로 적외선은 우리가 볼 수 없지만 우리 몸에서 항상 나오고 있어. **온도를 갖는 모든 물체와 생명체에서는 적외선이 나온단다.**

적외선은 온도를 재거나, 밤에 물체를 보는 데 쓰이기도 해. 가전제품의 리모컨도 적외선을 활용하지.

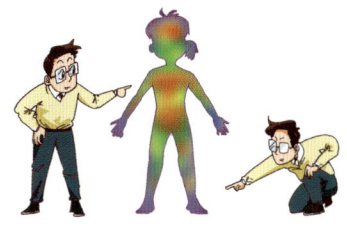

오늘의 연구 결과

가시광선 이외의 빛은 사람 눈에 보이지 않는다!

저 마두식이라는 사람… 위험한 것 같아

5

햇빛 병원 대소동

학교가 끝난 뒤, 매콤달콤 멤버들은 주차된 트럭 뒤에 숨어 또만나 떡볶이집을 염탐했다. 아이들의 옆구리와 손에는 필통과 물병, 공책들이 힘겹게 들려 있었다. 지난번, 또만나 떡볶이집에 책가방을 그대로 두고 도망치는 바람에 요 며칠 책가방도 없이 맨손으로 학교에 다녔다.

갑자기 들렸던 이상한 소리가 무섭기도 하고, 지하실에 몰래 들어갔다는 걸 어떻게 변명해야 할지도 몰랐기 때문에 지금까지 책가방을 찾으러 오지 못했는데, 오늘이 되어서야 겨우겨우 떡볶이집에 찾아왔다. 아저씨가 책가방을 버리지 않았기를 바랄 뿐이었다.

책가방 때문에 엄마에게 혼이 난 건우가 한숨을 쉬었다.

해나가 말했다.

"우리가 지하실에 들어갔다는 걸 아저씨도 알았을 거야. 창고 문이랑 뚜껑 문도 활짝 열어 놓고 왔잖아. 그리고 건우가 옥수수 자루까지 쏟았지."

"나 때문이라는 거야? 지하실 문을 처음 발견한 건 너라고!"

그때, 태리가 건우와 해나를 말리며 말했다.

"얘들아, 그만 싸우고 저기 좀 봐!"

해나가 미덥지 않은 듯 고개를 저었다.

"퍽이나 맛있겠다. 보나 마나 싱겁거나 엄청 짜거나 혀가 마비될 것 같이 매울걸."

"그러지 마. 왜 김상욱 아저씨를 자꾸 나쁜 사람으로 생각해? 지하실이 있다고 하면 우리가 보여 달라고 조를 대니까 비밀로 했겠지. 메모지에 쓰여 있던 '정체 모를 악당'이 아저씨라는 증거 있어?"

태리의 말에 해나는 옆구리에 끼고 있던 낡은 노트를 펼쳤다. 옥수수 자루 속에 숨겨져 있던 비밀 노트였다.

건우가 물었다.

"그건 또 왜 보냐?"

노트는 처음 발견했을 때부터 군데군데 찢겨 있었다. 페이지가 통째로 사라진 곳도 보였다. 해나는 노트를 차근차근 넘기며 원래 모습을 상상하려고 애썼다. 페이지마다 신기하게 생긴 생명체들이 그려져 있었다. 연필로 섬세하게 그린 그림이었지만, 대부분 찢어져서 온전한 형체를 알아볼 수 없었다. 그림 밑에는 생명체의 이름과 몸무게, 키, 특성 같은 것들이 단정한 글씨로 쓰여 있었지만, 이 부분 역시 성한 곳은 없었다.

태리가 한 페이지를 가리켰다.

"얘는 누굴까? 그림이 찢어져 버렸네."

　태리의 말 대로 부글부글 끓고 있는 떡볶이 옆에는 떡볶이의 단짝, 어묵이 보였다. 국물 색은 간장을 들이부은 것처럼 진했고, 어묵은 퉁퉁 불어 있었지만. 그때, 가게 안에서 혀를 쑥 내민 아이들이 비틀거리며 걸어 나왔다.

아저씨의 한숨이 떡볶이에서 피어오르는 수증기에 섞여 들었다.

아저씨는 아이들을 발견하고는 고개를 휙 돌렸지만, 눈동자가 이리저리 불안하게 흔들렸다.

해나가 따져 물었다.

"저희한테 왜 거짓말하셨어요? 지하실은 없다고 했잖아요."

"뭐? 따질 사람이 누군데! 너희야말로 왜 주인 허락도 없이 함부로 지하실에 내려갔니?"

건우가 말했다.

"에이, 이빨 찾다가 우연히 발견했을 뿐인걸요. 근데 거긴 뭐 하는 데예요? 로봇 같은 거 만들어요?"

"내 사생활이야! 지하실에서 본 건 다 잊어 주면 좋겠다."

그러자 해나가 주머니에 있던 메모지를 꺼내 아저씨의 눈앞에 들이밀었다.

"아저씨가 '정체 모를 악당' 맞죠? 시시티브이 모니터를 제외하고 그곳에 있던 나머지 기계들은 다 오래된 것들이었어요. 갑자기 떡볶이집 문을 닫고 사라진 예전 주인아저씨도 지하실에 대해 알고 있었던 거죠? 식료품 창고를 보니까 떡볶이 재료들이 가득하던데요."

해나가 말했다.

"우리 학교에도 저 새가 나타났었어요. 그리고 저 새가 나타난 뒤로 이상한 일이 생겼죠."

"더 자세히 말해 볼래?"

해나는 아저씨와 신경전을 벌였던 일은 까맣게 잊었는지 마법의 새에 대해 얘기하기 시작했다. 이야기를 들을수록 아저씨의 얼굴이 점점 어두워졌다. 아저씨는 해나의 말이 끝나자마자 앞치마를 벗어던졌다.

"어디 가세요?"

"햇빛 병원에! 그 새를 직접 봐야겠어."

햇빛 병원은 입구에서부터 난장판이었다. 곳곳에서 비명과 사람들이 뛰어다니는 소리가 가득했다. 사람들의 몸은 부위마다 빨간색부터 파란색까지 각기 다른 색으로 알록달록하게 보였다. 원래 색은 온데간데없었다.

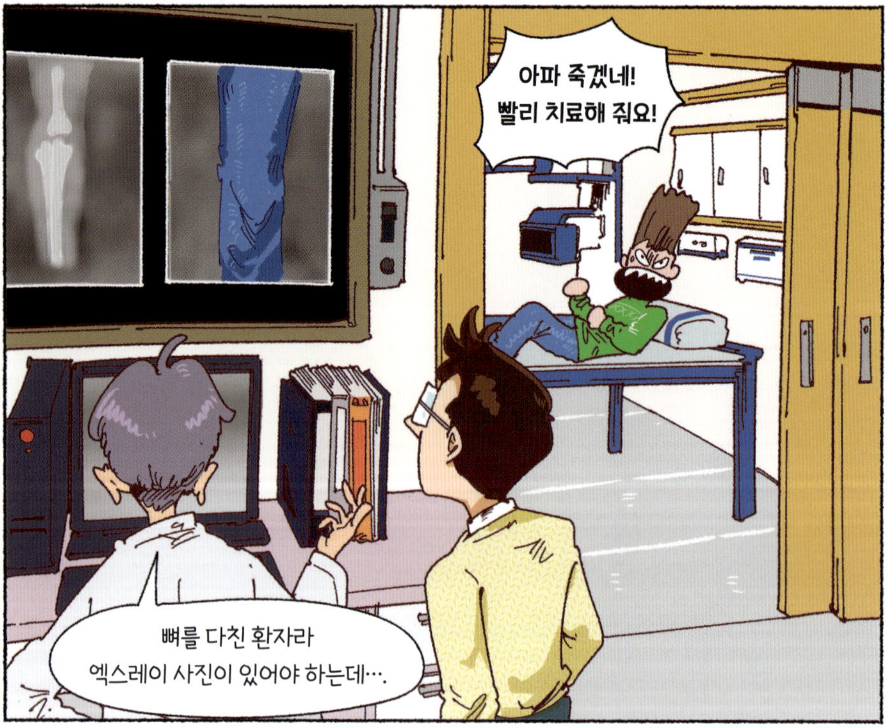

병원 직원은 엑스레이를 찍은 다리 사진을 보여주었다.

"엑스레이로 찍은 사진이에요. 엑스선은 뼈를 투과하지 못하니까 뼈가 있는 부분은 하얗게 나와야 하는데 그렇지가 않아요. 몇 번을 다시 찍어도 평범한 사진처럼 나온다니까요."

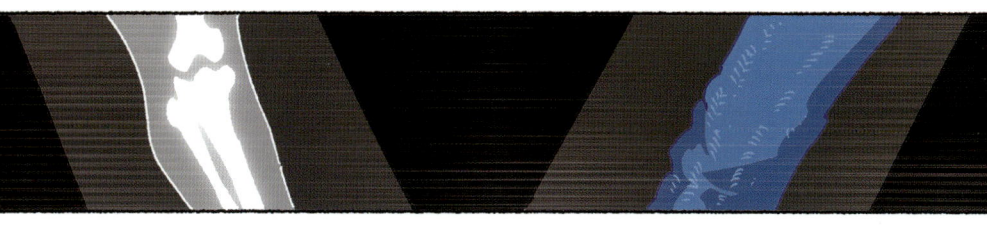

"다른 엑스레이 기계는 없나요?"

"다른 기계도 마찬가지예요. 도대체 햇빛 병원에 무슨 일이 벌어지는 거죠?"

"기계의 문제는 아닌 것 같습니다. 다른 병원으로 환자를 보내세요."

말을 마친 아저씨는 사람들을 요리조리 피하며 병원 복도를 빠르게 걷기 시작했다.

 양팔을 붙잡힌 아저씨는 어쩔 수 없이 걸음을 멈췄다. 아저씨와 아이들은 아수라장인 병원 내부를 찬찬히 살펴보았다. 천장에 일정한 간격으로 달린 기다란 형광등, 온통 하얀색인 실내, 흰색 환자복을 입은 환자들과 흰색 가운을 입은 의사들. 병원이 밝아 보이는 이유는 역시 흰색이 많아서일까.

 다행히도 병원에 있는 사람들은 자신의 그림자는 물론 다른 사물들의 그림자까지 사라졌다는 사실을 눈치채지 못한 모양이었다. 사람들이 이 사실을 알았더라면 또 한바탕 소란이 벌어졌을 것이다.
 태리가 아저씨의 귓가에 속삭였다.
 "건우 엉덩이도 이상해요. 쟤 어디 아픈 건 아니겠죠?"

병원 앞은 아까보다도 혼란스러웠다. 기자와 경찰, 환자를 다른 병원으로 옮기려는 구급차들로 아수라장이었다. 아저씨와 아이들은 유난히 밝아진 빛에 눈을 찡그리면서도 병원 주변을 샅샅이 살폈다.

"저 새가 나타났던 교실에서도, 그리도 햇빛 병원에서도 이상한 일들이 생겼어요. 이게 다 우연일까요?"

아저씨는 대답 없이 새를 올려다봤다. 한참 동안 말이 없던 아저씨가 마침내 비장하게 말했다.

"여기에서 헤어지자. 난 떡볶이집에 가서 할 일이 있어."

아저씨는 등을 돌렸다. 사람들 사이로 걸어가는 아저씨의 뒷모습은 왠지 불안해 보였다.

사이렌 소리와 사람들의 아우성이 아이들의 귓가를 맴돌았다. 강한 빛을 뿜어내는 비둘기를 닮은 수상한 새는 어딘가로 날아가고 있었다. 빛둘기가 가는 곳에 또 이상한 일이 벌어질까?

5 빛의 종류 ②

오늘의 연구 대상

병원에서는 별별 이상한 일들이
일어나고 있었어.

그 전에 먼저 빛에 대해 더 이해하고 가보자!

오늘의 일지

또 다른 빛

이번에는 자외선과 엑스선에 대해 알아볼 거야. 자외선 차단제라는 말을 들어본 적 있지? 또 병원에서 엑스레이를 찍을 때 엑스선을 들어봤을 거야. 이 둘도 빛의 한 종류라고 하니까 신기하지? 보통 가시광선만 빛이라고 부르기도 해. 사람의 눈으로 볼 수 있으니까. 하지만 라디오파, 초단파, 적외선, 자외선, 엑스선, 감마선 등 **모두가 빛의 가족이야.**

기억해!
자외선과 엑스선도
빛이야!

자외선, 앗! 따가워!

자외선(보라색 자, 바깥 외, 선 선)은 가시광선에서 파장이 가장 짧은 보라색 바깥에 있으니 **당연히 보라색보다 파장이 짧겠지?** 적외선과 마찬가지로 **사람의 눈으로 볼 수 없어.**

자외선은 사람의 피부를 뚫고 들어올 수 있어. 그래서 자외선 차단제를 꼭 발라야 해! 병균을 소독하거나, 범죄 현장에서 지문이나 혈액을 찾아낼 때도 유용하게 활용되지.

 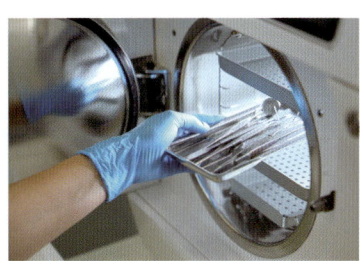

엑스선, 난 네 몸속이 보인다!

엑스선은 **자외선보다도 더 짧은 파장의 빛이야.** 이 말은? 그렇지! **우리가 볼 수 없다는 의미**야. 병원에서 찍는 **엑스레이 촬영**에 바로 이 엑스선이 활용돼. 엑스레이 촬영을 하면 뼈는 흰색으로, 나머지 부분은 투명하게 찍힌 걸 본 적 있을 거야.

지금 손을 볼래? 혹시 뼈가 눈으로 보이니? 우리는 피부를 뚫고 뼈를 볼 수 없지만, 엑스선은 피부를 뚫고 뼈까지 들어갈 수 있어. 하지만 뼈는 지나가지 못해.

그래서 엑스레이 촬영에서 피부는 투명하게 찍히고, 뼈는 흰색으로 찍히는 거야.

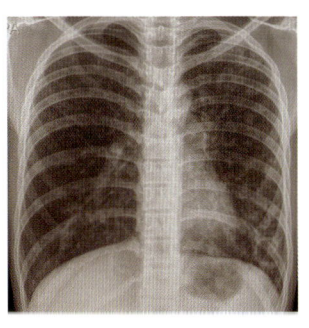

오늘의 연구 결과

빛은 파장이 짧을수록 더 잘 뚫고 지나간다!

 이제 저 빛둘기만 잡으면 돼!

6
빛둘기를 잡아라!

"준비 끝!"

아저씨가 우렁차게 외쳤다.

아이들은 또만나 떡볶이 건물 옥상에 널브러진 물건들을 어리둥절하게 바라봤다.

햇빛 상점에서 사 온 큼직한 거울 세 개와 잠자리채, 그물, 그리고 아저씨가 지하실에서 가져온 스테인리스 양념통.

도대체 무슨 준비가 끝났다는 건지 모르게 연관성이라고는 찾아볼 수 없는 물건들의 조합에 아이들은 물음표만을 띄울 뿐이었다.

하지만 아저씨는 이런 반응에는 아랑곳하지 않는다는 듯이 아이들에게 거울을 하나씩 나눠 준 뒤, 아이들의 어깨를 잡고 자신이 생각한 위치에 한 명씩 세웠다.

그리고 멀찍이 떨어져 아이들을 바라보더니 큰 소리로 외치며 아이들의 위치를 세밀하게 조정했다.

"너희는 지금 빛을 모아 주는 오목거울의 형태로 서 있어. 치과에서 입안을 볼 때 쓰는 소형 거울이나, 빛을 많이 모아야 하는 현미경이나 망원경에도 오목거울이 쓰이지."

태리가 갸우뚱했다.
"빛을 모아 준다고요? 그 말은……."
아저씨의 말을 눈치챈 해나가 말했다.
"빛둘기를 이렇게 잡을 생각이군요. 성공할까요?"
"뭐든지 해 봐야지. 사람들이 많은 곳보다는 여기가 빛둘기를 잡기 쉬울 거야."

아저씨는 하늘을 올려다봤다. 벌써 오후 세 시였다. 날이 저물기 전에 빛둘기가 이곳으로 와야 한다. 아저씨의 예상이 맞다면 햇빛이 사라지는 저녁이 되면 이 방법도 통하지 않을 것이다.

아저씨는 옥상 이곳저곳을 초조하게 돌아다니며 쌍안경으로 하늘을 살폈다. 하지만 시간이 흘러도 빛둘기는 모습을 드러내지 않았다. 처음에는 의욕적이던 아이들도 조금씩 지쳐 갔다.

 드디어 아이들의 머리 위에 눈부신 빛이 쏟아졌다. 아저씨는 재빨리 양념통 뚜껑을 열었다.
 "그 양념통은 왜요?"
 "놓치면 안 돼! 거울을 빛둘기가 있는 방향으로 들어 봐! 빛둘기를 거울에 만사시켜서 이 통에 넣을 거야!"
 저 작은 통에 빛둘기를 어떻게 넣는다는 걸까. 하지만 빛둘기는 뭔가 이상하다 싶었는지 다시 멀어졌다.

머리를 쥐어뜯던 아저씨는 빛둘기가 다시 나타나자 잠자리채를 이리저리 휘둘렀지만, 빛둘기의 몸에서 뿜어져 나오는 빛 때문에 번번이 헛손질을 했다.

태리가 거울을 내려놓고 잠자리채를 들었다.

"제가 해볼게요!"

태리는 아저씨보다 훨씬 높이 뛰어오르며 잠자리채를 휘둘렀지만, 빛둘기는 놀랐는지 더 높이 날아올랐다. 해나도 거울을 들고 빛둘기를 잡기 위해 요리조리 움직였다.

아저씨가 발을 동동 구르며 건우의 등을 떠밀었다.

"뭐라도 좀 해 봐!"

건우는 이 상황이 영 이해되지 않았지만 아저씨를 돕기 위해 주변을 살폈다. 시든 화초가 담긴 화분들이 구석에 늘어서 있었다. 건우는 화분에 있던 돌멩이를 들고 빛둘기를 향해 집어 던졌다.

그 모습을 바라보던 해나의 머릿속에 비밀 노트의 한 부분이 떠올랐다.

"아저씨! 떡볶이집 열쇠요!"

"그건 왜?"

"설명할 시간 없어요! 빛둘기를 잡고 싶으면 빨리 주세요!"

아저씨가 주머니에서 열쇠를 꺼내 해나에게 던졌다. 열쇠를 받아 든 해나는 빛의 속도로 계단을 내려가 열쇠로 1층 문을 열고 떡볶이집으로 들어가 지하실의 식료품 창고로 향했다. 다행히 말린 옥수수 자루가 그대로 있었다.

해나는 옥수수 알갱이들을 주머니에 닥치는 대로 쑤셔 넣고 다시 옥상으로 올라갔다.

"태리야, 잠자리채 치워!"

해나는 바닥에 옥수수 알갱이들로 길을 만드는 것처럼 한 줄로 내려놓기 시작했다. 그리고 그 끝에 남은 옥수수 알갱이들을 산처럼 수북이 쌓아놓았다.

그 순간, 빛둘기는 눈을 반짝이더니 발톱에 힘을 풀었다.

아저씨가 떨어지는 건우 쪽으로 몸을 날렸다. 둘은 뒤엉키며 옥상 바닥에 뒹굴었다.

빛둘기는 날개를 퍼덕이며 옥상을 맴돌았다. 옥수수를 먹고 싶은 듯 보였지만 잡힐까 봐 두려운 모양이었다.

해나가 기회를 놓치지 않고 빛둘기를 달래듯 다정한 목소리로 말했다.

"괜찮아, 편하게 먹어."

옥수수의 유혹을 이길 수 없었던 빛둘기는 결국 옥상 바닥으로 내려왔다. 그리고 옥수수 알갱이로 만들어진 길을 따라 옥수수를 하나씩 쪼아먹기 시작했다.

　태리와 해나, 건우는 아까 아저씨가 알려준 대로 거울을 들고 빛둘기를 중심으로 빙 둘러쌌다. 그리고 천천히, 빛둘기가 산처럼 옥수수 알갱이가 수북히 쌓여있는 곳까지 오기만을 기다렸다. 눈을 깜박이는 소리, 들숨과 날숨이 오가는 소리, 심장이 뛰는 소리가 귓가에 들리는 듯했다. 바로 그 순간!

빛둘기는 거울 앞에 서자마자 엄청난 빛 덩어리로 변했다. 그리고 빛 덩어리는 거울에 반사되어 튕겨 나갔다. 양념통을 든 아저씨는 빛 덩어리가 반사된 쪽으로 몸을 날렸다. 통 안으로 빛 덩어리가 소용돌이치며 빨려 들어갔다. 아이들은 눈을 감으며 비명을 질렀다.
다시 눈을 떴을 때, 빛둘기는 보이지 않았다.

아이들은 방금 겪은 일을 도저히 믿을 수가 없었다.
태리가 물었다.
"방금 뭘 하신 거예요? 빛둘기는 어디 갔어요?"
먼지투성이가 된 아저씨는 끙 소리를 내며 몸을 일으켰다.
아저씨는 땀에 젖은 손으로 양념통을 소중히 안아 들었다.
"지하실로 가자. 거기에서 설명해 줄게."

6. 빛의 반사와 오목거울

오늘의 연구 대상

휴! 정말 겨우겨우 잡았다.
해나의 기억력 덕분에 성공할 수 있었어.

빛둘기가 대체 어떻게 통 안으로 빨려 들어간 건지 궁금하니?

오늘의 일지

빛은 언제나 똑바로 움직인다.

빛은 어떻게 움직일까? **빛은 언제나 곧게 나아가려는 성질을** 가지고 있어. 그러다가 어떤 물체를 만나면 여러 일들이 일어나지.
물체에 그대로 **흡수**되기도 하고,
튕겨 나와 **반사**되기도 해.
때로는 그대로 **통과**하기도 하지.
일단 이번에는 빛이 반사되는 경우에 대해 알아보자.

물리의 매력을 모두 흡수해 볼까?

빛의 반사

빛이 물체의 **표면에 부딪혀서 튕겨 나오는 현상**을 빛의 반사라고 해. 이것을 이용한 도구가 바로 **거울**이야. 거울은 표면이 매끄럽고, 안쪽에는 금속이 얇게 펴져 있어서 빛을 아주 잘 반사해.
거울에는 **평면거울, 오목거울, 볼록거울** 등이 있어.

쏘옥~ 들어간 오목거울

가운데가 깊게 들어가 있는 거울을 오목거울이라고 불러. 오목거울의 가장 큰 특징은 **빛을 한곳으로 모아준다**는 거야. 루그를 잡을 때도 거울들이 하나의 큰 오목거울 모양이 되도록 배치했어. 그래서 빛, 그 자체인 루그가 한곳으로 모였고, 순간을 놓치지 않고 재빨리 통 안에 넣은 거지!

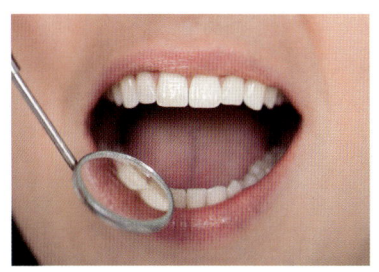

오목거울은 치과 거울, 화장 거울에서 흔히 볼 수 있어. **가까이에 있는 물체를 크게 보여주는 오목거울의 또 다른 특징**을 활용한 거야.

오늘의 연구 결과

오목거울은 빛을 반사시켜 한곳으로 모은다!

 이제 아이들에게 진실을 말해줄 수밖에 없겠다.

7

정체를 밝히다

 궁금한 것들이 너무나도 많았다. 평소의 아이들이었다면 질문들을 쉴 새 없이 쏟아냈을 테지만, 방금 옥상에서 겪었던 일의 충격 때문인지 오히려 차분해 보였다.
 아저씨는 빛둘기가 든 양념통을 식료품 창고의 선반에 조심스레 올려놓았다.
 태리가 고개를 갸웃했다.
 "빛둘기가 이 통 안에 있다니 믿을 수가 없어요. 근데 보관 방법이 너무 허술하지 않아요?"
 아저씨가 말했다.
 "잘 숨기고 싶으면 눈에 잘 띄는 곳에 두라는 말이 있지. 하지만 빛둘기를 잡았으니 다시는 같은 사고가 일어나지 않도록 보안을 철저히 할 생각이야."

건우가 질문을 던졌다.

"그 양념통 말이에요. 아까 어떻게 여셨어요? 우리는 아무리 힘줘도 안 열렸는데."

아저씨가 빈 양념통을 건우에게 내밀었다.

"열어 봐."

건우는 뚜껑을 반시계 방향으로 돌렸지만, 여전히 열리지 않았다. 빨갛게 변한 건우의 얼굴이 폭발하기 직전에 아저씨가 양념통을 빼앗았다.

"뚜껑은 보통 반시계 방향으로 돌려야 열리지만 이 통은 달라. 시계 방향으로 돌려야 열리도록 설계됐지. 이렇게!"

"오!"

해나가 안경을 추어올리며 놀라더니 물었다.

"이제 말해 주세요. 아저씨는 대체 누군지, 그리고 이 지하실은 뭘 하는 곳인지."

아저씨는 대답에 앞서 아이들을 빈 탁자에 앉혔다.

"우선 고맙다는 인사부터 해야겠다. 처음 만난 날부터 지금까지, 너희들 신세를 많이 졌어. 나 혼자서는 절대로 빛둘기를 잡지 못했을 거야. 빛둘기가 옥수수를 좋아할 줄은 생각도 못 했거든. 너희에게 진실을 말해 준다면, 비밀을 지킬 수 있겠니?"

아이들은 열심히 고개를 끄덕였다. 아저씨는 결심했다.
"좋아. 내가 계속 입을 다물고 있으면 너희는 더 엉뚱한 상상을 하게 되겠지. 사실 나는 떡볶이집 주인이 아니라……."

"크흠, 난 특수한 임무를 받고 이곳에 온 과학자야. 내 신분을 감추기 위해, 그리고 이 지하 연구실을 보호하기 위해 떡볶이집 주인으로 위장 중이지."

아저씨가 말을 이었다.

"또만나 떡볶이의 예전 주인이었던 이룩한 박사도 사실은 나 같은 과학자야. 나와 이룩한 박사는 'I.P.S(Idea Protecting Society)'라고 하는 이데아 수호 협회의 회원 중 한 명이지."

태리가 물었다.

"이데아 수호 협회는 뭐예요?"

"세상에는 '이데아'라는 존재들이 있어. 이 이데아들을 안전히 지키기 위해 생겨난 집단이 바로 이데아 수호 협회, IPS야."

건우는 아저씨의 말에 많이 놀란 듯했다.

"그 아저씨가 과학자였다고요? 과학자들은 원래 요리를 다 못하나……."

해나가 눈을 초롱초롱 밝히며 물었다.

"이데아요? 이데아는 또 뭔데요?"

"아, 그래. 이데아가 뭔지부터 설명해 줘야겠구나. 인류의 역사에는 빛, 중력, 원자 등 수많은 과학적 발견들이 있었어. 사람들은 모르지만 사실 이런 물리 개념들은 실존한단다. 그들을 발견할 당시에 방출된 에너지가 너무 커서 빛둘기처럼 형체를 갖추고, 살아 움직이게 된 거야. 이 사실을 알게 된 몇몇 과학자들이 이렇게 실존하는 물리 개념들을 이데아라는 이름으로 부르기로 했어."

아저씨의 설명을 들은 태리가 외쳤다.

"빛둘기는 빛 물리 개념의 이데아인 거예요? 신기하다!"

해나가 말했다.

"그래서 빛둘기가 거울에 반사될 수 있었군요. 빛둘기는 빛, 그 자체니까요."

"맞아. IPS의 회원인 내가 빛둘기를 한눈에 알아보지 못했던 건 이데아와 관련된 내용은 이데아 수호 협회 과학자들 중에서도 일부만이 알고 있는 1급 비밀이기 때문이야. 나는 여기서 보호하고 있는 이데아의 목록만 알고 있을 뿐, 이데아들 각각의 이름과 형체, 특징은 담당자였던 이룩한 박사만이 알고 있어."

해나는 주머니 속에서 노트를 꺼내 아저씨에게 내밀었다.

"이제 이 노트를 드려야겠네요. 창고의 옥수수 자루 속에 들어 있었어요. 빛둘기가 옥수수를 좋아한다는 것도 이 노트를 보고 알았고요. 늦게 드려서 죄송해요. 아저씨를 완전히 믿을 수 없었거든요."

아저씨는 노트를 찬찬히 넘겼다. 아저씨의 시선이 빛 이데아, 루그를 설명한 페이지에서 멈췄다.

"이룩한 박사가 이곳에서 보호하던 이데아들을 기록한 거야. 빛둘기가 아니라 이제 '루그'라고 불러야겠구나."

태리가 물었다.

"빛둘기, 아니 루그가 담긴 통은 이데아가 사는 집이에요?"

"하하! 그런 셈이지. 이데아를 보호하기 위해 특별히 제작된 도구란다. 이데아캔이라고 부르지. 이데아들이 함부로 돌아다니면 그 이데아에 관련된 자연 현상들에 혼란이 벌어지거든."

건우가 아저씨를 졸라대며 말했다.

"그럼 다른 양념통, 아니 이데아캔들에는 다른 이데아가 들어 있어요? 또 누가 있는데요? 딱 한 번만 보여 주시면 안 돼요?"

"이룩한 박사가 갑자기 사라지면서 이데아캔 안에 들어 있던 이데아들도 모두 사라졌어. 이데아 수호 협회의 그 누구도 정확히 어떤 일이 벌어졌는지 몰라. 너희가 발견한 메모에 정체불명의 악당이 습격했다고 쓰여 있었지? 아마 그 악당한테 납치되신 게 아닌가 싶어. 이데아들은 루그처럼 도망쳤을 수도, 악당들이 가져갔을 수도 있겠지."

아이들의 표정이 어두워졌다. 과연 어느 쪽이 나은 걸까. 다른 이데아들이 도망쳤다면 햇빛 마을에는 앞으로 혼란이 끊이지 않을 것이다. 하지만 악당의 손아귀에 이데아들이 들어갔다면 더욱 끔찍한 일이 벌어지지 않을까.

 해나가 노트를 가리키며 물었다.

 "이 노트는 왜 이렇게 망가졌을까요?"

 아저씨는 잘 모르겠다는 듯이 어깨를 으쓱였다.

 "노트는 악당들에게 뺏기지 않기 위해 지하실에 숨겨두신 것 같아. 그런데 다른 누군가에게 발견되더라도 내용을 알아볼 수 없도록 급하게 찢어 버리셨던 게 아닐까."

 태리가 물었다.

 "그럼 앞으로는 어떻게 하실 거예요?"

 "일단 또만나 떡볶이를 계속 운영해야지."

 "그리고요?"

"빛의 이데아, 루그를 지켜야지. 이데아를 보호하는 게 내 임무니까."

해나가 씨익 웃었다.

"납치된 이룩한 박사님도 찾고, 사라진 이데아들도 찾아야죠."

아저씨가 다정하게 웃었다.

"당연하지. 이룩한 박사님은 평생을 이데아 수호에 몸 바치신 훌륭한 과학자야. 벌써 다른 사람들도 찾고 있으니 걱정하지 마. 이데아 수호 협회에서 일하는 사람이 나뿐이라고 생각하는 건 아니지? 너희도 협회 사람들을 만날 기회가 있을 거야. 자, 망가진 이데아 도감이나 새로 만들자!"

건우가 노트를 내려다보며 한숨을 쉬었다.

"요즘 누가 이렇게 일일이 글씨를 써요? 난 글씨 쓰는 건 딱 질색인데! 과학자라면서 컴퓨터도 못 다루셨나."

"컴퓨터에 기록하면 훨씬 편하긴 하지만, 이렇게 직접 글씨를 쓰면서 정리하면 더 많은 생각을 펼치게 될 때가 있거든. 이룩한 박사님처럼 그림까지 그리면 이데아들에 대한 애정이 더욱 솟아나지 않겠니? 하지만……."

아저씨가 씩 웃으며 말을 이었다.

"나도 글씨 쓰는 건 질색이라! 난 협회에서 새로 받은 기기에 입력할 테니 너희는……."

아저씨가 탁자에 있던 노트를 아이들에게 던졌다.

태리가 손을 뻗어 노트를 낚아챘다.

"직접 이데아 도감을 만들어 봐!"

김무무 박사의 비밀 연구 일지

7 빛의 반사와 볼록거울

> **오늘의 연구 대상**

아이들에게 모든 진실을 말해 주었어.
루그를 잡을 때는 오목거울의 성질을 사용했다고 했지?
다른 거울 하나만 더 알려주고 넘어갈게!

> **오늘의 일지**

거울의 종류

거울의 가운데 부분이 들어가 있는 거울이 오목거울이라고 했지?

반대로 가운데 부분이 볼록하게 튀어나와 있는 거울이 볼록거울이야.

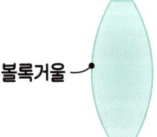

빛의 움직임을 이해하자

빛이 오목거울을 만나면 한곳으로 모인다고 했지? 그렇다면 볼록거울을 만나면 어떻게 될까? 거울의 모양이 서로 반대인 것에서 알 수 있듯이 빛도 반대로 움직여. 빛이 곧게 나아가다가 볼록거울에 부딪히면 **넓게 퍼진단다**.

[오목거울]

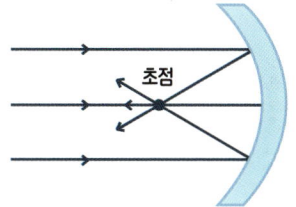

[볼록거울]

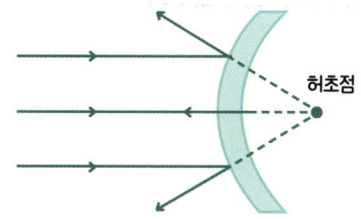

볼록거울을 찾아봐!

볼록거울은 주변에서 아주 쉽게 볼 수 있어. 필요한 건 모두 다~ 있는 편의점에서도!

편의점 천장 구석에는 큰 거울이 달려 있는데, 이 거울을 보면 편의점 전체가 한눈에 들어온단다. **작게 보이긴 하지만 넓은 범위를 한 번에 볼 수 있다는 장점이 있어.**

자동차에 달려 있는 사이드미러도 마찬가지야! **넓은 범위를 한눈에 볼 수 있게** 해주기 때문에 운전하면서 옆과 뒤에서 오는 차들을 한눈에 파악할 수 있게 도와주지!

오늘의 연구 결과

볼록거울은 오목거울과 반대로 빛을 퍼뜨린다!

자, 또 어떤 모험이 우리를 기다리고 있을까?

물리
이데아
·도감·

NO.1 루그

빛
아이데아

좋아하는 것
빵가루, 쌀, 옥수수

키
30센티미터

몸무게
10킬로그램

특성
활발한 성격이니 가끔 꺼내 운동시킬 것.
장난기가 많아 놓치면 포획하기 힘드니 주의할 것.
루그를 화나게 하면 책임 못 짐.
뽐내기 좋아함.

🌟 루그가 일으킨 문제 분석

문제점	원인	질문
① 사라진 칠판 위 글씨 ② 보였다가 안 보였다 하는 루그	빛의 반사	빛이 물체의 실제 위치를 옮길 수도 있어요? 물체가 다른 곳에 있는 것처럼 보이게 할 수는 있지만 위치를 옮길 수는 없어.
③ 눈에 보이는 적외선과 방귀 ④ 제대로 찍히지 않는 엑스레이	빛의 파장	물체의 색상을 다르게 보이게 할 수도 있어요? 빛의 파장에 따라 눈에 보이는 색상도 달라지게 돼.
⑤ 사라진 그림자	빛의 직진	그림자는 무조건 검은색이에요? 서로 다른 방향에서 여러 색깔의 빛을 비추면 다른 색깔의 그림자를 볼 수 있어.

🌟 루그 포획 작전

포획 팁	빛 자체인 루그는 반사 현상과 루그가 좋아하는 것을 활용해 비교적 쉽게 잡을 수 있다.
준비물	이데아캔, 큰 거울 3개, 옥수수 알갱이(많이)
포획 방법	① 루그가 이데아캔 쪽으로 반사되도록 거울을 세 방향에 배치한다. ② 옥수수 알갱이로 루그를 유인한다. ③ 루그를 이데아캔 안쪽으로 반사시킨다. ④ 루그 포획 성공!

> 오목거울의 원리를 이용해서 잘 포획했어!
>
> — 김상욱 아저씨

지나가던 아이들이 이 모습을 보고 떡볶이집으로 걸어왔다.

"컵볶이 두 개 주세요!"

"조금만 기다려 줄래? 5분만 더 끓이면 돼."

두 아이는 군침을 삼키며 떡볶이 판을 바라보다 수다를 떨기 시작했다.

"그 집 얘기 들었어?"

"무슨 집?"

"햇빛 마을에 있는 집인데 가구들이 공중에 둥둥 떠다닌대. 그 집에 살던 가족도 집에 유령이 있다면서 이사갔대!"

"에이, 말도 안 돼!"

"진짜야! 유령의 집이라고 소문나서 너튜버들까지 몰려왔다니까!"

두 아이의 이야기를 듣던 아저씨가 중얼거리며 생각에 잠기자 건우가 팔꿈치로 아저씨의 옆구리를 찔렀다.

"뭐 하세요? 5분 지났어요."

집 위치를 듣자마자 아저씨는 급히 컵볶이를 쥐어 주고는 돈도 받지 않고 아이들을 가라고 떠밀었다. 그리고는 매콤달콤 멤버들을 향해 소리쳤다.

"가자!"

"어딜요?"

"유령의 집! 다들 앞치마 벗어!"

"근데…… 우리가 여기 뭐 하러 왔더라?

블랙과 화이트는 멀어지는 김상욱 아저씨의 자동차를 멍하니 바라봤다.

"이런."

"쫓아가!"

블랙과 화이트는 요란한 자동차 시동 소리를 내며 쫓아갔다.

레드가 마 회장에게 물었다.

"또만나 떡볶이로 출동해서 루그를 잡아 올까요?"

마 회장은 레드의 질문에 대답하지 않고 옆에 있는 한 남자에게 물었다.

"다른 이데아들은? 어디로 도망쳤는지 짐작 가는 곳도 없나?"

남자가 고개를 흔들었다.

"저도 모릅니다. 굳이 힘들일 필요 없이 김상욱 박사가 사라진 이데아들을 모두 모으면 그때 기습해서 빼앗으면 됩니다."

2권 미리보기

한달음에 달려 온 유령의 집!
그곳은 벌써 너튜버, 초자연현상 전문가를 비롯해
유령을 구경하러 온 사람들로 바글거렸다!

지체할 시간이 없다!
유령의 집에서 문제를 일으키는 이데아를 잡기 위해 조사를 시작하는데…….

교과 연계

초등 | 6학년 1학기 | 5. 빛과 렌즈
중등 | 1학년 2학기 | 6. 빛과 파동

기획 김상욱 | 글 김하연 | 그림 정순규 | 자문 강신철

1판 1쇄 발행 2023년 10월 11일
1판 10쇄 발행 2025년 12월 12일

펴낸이 김영곤
프로젝트3팀 이장건 김혜지 박예진 김정현
영업팀 정지은 한충희 남정한 장철용 강경남 황성진 김도연 이민재
디자인 김단아
제작팀 이영민 권경민

펴낸곳 ㈜북이십일 아울북
출판등록 2000년 5월 6일 제406-2003-061호
주소 (10881) 경기도 파주시 회동길 201(문발동)
대표전화 031-955-2100 **팩스** 031-955-2177 **홈페이지** www.book21.com

ⓒ 2023 김상욱 · 김하연 · 정순규 · 강신철

ISBN 979-11-7117-101-9 74400
ISBN 979-11-7117-100-2 74400 (세트)

책값은 뒤표지에 있습니다.
이 책 내용의 일부 또는 전부를 재사용하려면 반드시 (주)북이십일의 동의를 얻어야 합니다.
잘못 만들어진 책은 구입하신 서점에서 교환해드립니다.

· 제조자명 : (주)북이십일
· 주소 및 전화번호 : 경기도 파주시 문발동 회동길 201(문발동) / 031-955-2100
· 제조년월 : 2025.12
· 제조국명 : 대한민국
· 사용연령 : 3세 이상 어린이 제품

· 이미지 출처 게티이미지코리아(75쪽, 90쪽, 91쪽, 115쪽, 135쪽, 149쪽)

다양한 SNS 채널에서 아울북과 을파소의 더 많은 이야기를 만나세요.

아저씨가 여러분을 위해 응원의 메시지를 준비했어요!

사람마다 빛나는 순간이 있단다.

156만 유튜브채널 '사물궁이 잡학지식' 기획!
어린이를 위한 잡학 교양 동화 탄생!
"세상에 사소한 궁금증은 없다!"
사소해 보여서 물어보지 못했던 질문을 던지며
세상에 흩어진 궁금이 카드를 되찾아라~!

가슴 속 열정을 꺼내보자.

딱딱하고 지루한 과학은 그만!
일상에서 만나는 재미 만렙 과학
일상의 모든 고민이 해결되는
마법 같은 과학을 만날 수 있는 이곳!
과학 장난감 가게로 놀러 오세요!

부단히 노력하는 넌 이미 특별해!

고민 많은 어린이들을 위한
마음 돌봄 판타지 동화
지치고 힘든 날엔, 하늘을 올려다봐요.
고민이 해결되는 신비로운 집,
'부유관'이 떠 있을 거예요!

★ 교보문고, 예스24, 알라딘 등 온라인 서점 및 전국 오프라인 서점에서 만나실 수 있습니다 ★

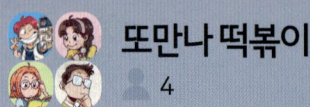 **또만나 떡볶이**
👤 4

천재 건우 님이 나 물리박사 김상욱 님을 초대했습니다.

 천재 건우
아저씨, 특별히 초대해 드릴게요.

저희 매콤달콤 단톡방이에요. 오후 5:31

나 물리박사 김상욱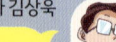
이게 뭐야? 아저씨 이런 거 잘 못해. 오후 5:34

 떡볶이 사랑♥태리
아저씨~! 반가워요! 오후 5:34

 책 읽는 해나
과학자가 이런 것도 잘 못해요? 똑똑하셔서 다 잘할 줄. 오후 5:35

나 물리박사 김상욱
??? 그거랑 이거랑 무슨 상관인데? 오후 5:36

 떡볶이 사랑♥태리
ㅋㅋㅋㅋㅋㅋㅋ 오후 5:37

 천재 건우
말씀드린대로 저희는 떡볶이 가게 후기 동아리예요.

또만나 떡볶이가 맛집이 될 수 있게 최대한 도와드릴게요. 오후 5:38